BEI GRIN MACHT SICH IHR WISSEN BEZAHLT

- Wir veröffentlichen Ihre Hausarbeit, Bachelor- und Masterarbeit

- Ihr eigenes eBook und Buch - weltweit in allen wichtigen Shops

- Verdienen Sie an jedem Verkauf

Jetzt bei www.GRIN.com hochladen und kostenlos publizieren

Bibliografische Information der Deutschen Nationalbibliothek:

Die Deutsche Bibliothek verzeichnet diese Publikation in der Deutschen National-
bibliografie; detaillierte bibliografische Daten sind im Internet über http://dnb.d-
nb.de/ abrufbar.

Dieses Werk sowie alle darin enthaltenen einzelnen Beiträge und Abbildungen
sind urheberrechtlich geschützt. Jede Verwertung, die nicht ausdrücklich vom
Urheberrechtsschutz zugelassen ist, bedarf der vorherigen Zustimmung des Verla-
ges. Das gilt insbesondere für Vervielfältigungen, Bearbeitungen, Übersetzungen,
Mikroverfilmungen, Auswertungen durch Datenbanken und für die Einspeicherung
und Verarbeitung in elektronische Systeme. Alle Rechte, auch die des auszugsweisen
Nachdrucks, der fotomechanischen Wiedergabe (einschließlich Mikrokopie) sowie
der Auswertung durch Datenbanken oder ähnliche Einrichtungen, vorbehalten.

Impressum:

Copyright © 2005 GRIN Verlag, Open Publishing GmbH
Druck und Bindung: Books on Demand GmbH, Norderstedt Germany
ISBN: 9783656625346

Dieses Buch bei GRIN:

http://www.grin.com/de/e-book/35403/anlegen-einer-personalakte-unterweisung-
buerokaufmann-frau

Marco Stöcker

Anlegen einer Personalakte (Unterweisung Bürokaufmann / -frau)

GRIN Verlag

GRIN - Your knowledge has value

Der GRIN Verlag publiziert seit 1998 wissenschaftliche Arbeiten von Studenten, Hochschullehrern und anderen Akademikern als eBook und gedrucktes Buch. Die Verlagswebsite www.grin.com ist die ideale Plattform zur Veröffentlichung von Hausarbeiten, Abschlussarbeiten, wissenschaftlichen Aufsätzen, Dissertationen und Fachbüchern.

Besuchen Sie uns im Internet:

http://www.grin.com/

http://www.facebook.com/grincom

http://www.twitter.com/grin_com

Unterweisung am Arbeitsplatz
zum Thema

Anlegen einer Personalakte

durch ein Lehrgespräch

Im Rahmen der Ausbildereignungsprüfung
für den Ausbildungsberuf

Bürokaufmann/ -frau

Ort der Unterweisung: Personalabteilung > Personalbüro

Name des Ausbilders:

Marco Stöcker

Dauer: ca. 15 Minuten

Inhaltsverzeichnis:

1. Ausgangssituation

1.1 Ausbildungsstand

Der Auszubildende ist 18 Jahre alt und hat nach erfolgreich abgeschlossener Realschule seine Ausbildung am 01. August 2003 in unserem Unternehmen begonnen. Er befindet sich im zweiten Ausbildungsjahr / 7. Ausbildungsmonat und besitzt keinerlei Vorkenntnisse aus dem Bereich Personalverwaltung.

1.2 Charakterisierung des Auszubildenden

Der Auszubildende hat die mittlere Reife mit einem guten Ergebnis abgeschlossen und zeigt sich in der Ausbildung gewissenhaft und engagiert. Er zeigt durch Fragen sein Interesse am Beruf des Bürokaufmannes. Ihm übertragene Aufgaben führt er ordentlich und gewissenhaft aus. Im Personalbüro sollen ihm zunächst die Grundkenntnisse der Personalverwaltung vermittelt werden.

1.3 Unterweisungsthema

Anlegen einer Personalakte

1.4 Vorkenntnisse

Der Auszubildende ist nun seit einem Tag in unserer Personalabteilung und hat lediglich einen Gesamtüberblick über die anfallenden Tätigkeiten und den täglichen Arbeitsablauf erhalten. Daher wird er heute in einen relativ einfachen Arbeitsablauf eingewiesen.

1.5 Ort der Unterweisung / Arbeitsplatz

Die Unterweisung findet an einem üblichen Schreibtisch in unserem Personalbüro statt. Der Schreibtisch ist aufgeräumt und befindet sich in einem übersichtlichen und sauberen Zustand.

1.5.1 Arbeitsmittel

- Personalakten (2x blanko)
- Einlegeblätter (2x Stück)
- Testmarker (zum Beschriften des Einlegeblattes)
- wasserfester Stift (zum Beschriften des Einlegeblattes)
- Locher
- Kugelschreiber (für evtl. Notizen des Auszubildenden)
- DIN A4 Schreibblock (für evtl. Notizen des Auszubildenden)
- Personalunterlagen von Fr. Müller (Neueintritt zum 01. Februar 2005)

2. Ziele der Unterweisung

2.1 Lernzieltaxonomie

2.1.1 Richtlernziel

➤ Personalverwaltung (§ 3 Nr. 6.2)

2.1.2 Groblernziel

➤ Vorgänge der Personalverwaltung bearbeiten, insbesondere Personal-unterlagen bearbeiten, bei der Personalaktenführung mitwirken und Be-scheinigungen erstellen (§ 3 Nr. 6.2 e))

2.1.3 Feinlernziel

➤ Der Auszubildende soll selbständig und fehlerfrei die Personalakte einer neuen Mitarbeiterin nach firmeninternen Kriterien anlegen können.

2.2 Lernbereiche

2.2.1 Kognitiver Lernbereich

Durch Erläuterung und Vorführung des jeweiligen Arbeitsschrittes seitens des Ausbilders und durch die darauf folgende Ausführung des Auszubildenden (unter Beachtung der firmeninternen Kriterien), soll das erlernte Wissen dauerhaft eingeprägt werden und jederzeit wieder abrufbar sein. Zudem soll die Lernbereitschaft des Auszubildenden gefördert werden.

2.2.2 Affektiver Lernbereich

Die Bereitschaft zum selbständigen, sorgfältigen und gewissenhaften Verrichten der Tätigkeit soll entwickelt werden. Im Hinblick auf die eigenverantwortliche Übernahme dieser Tätigkeit innerhalb der Abteilung, soll der Auszubildende durch diese Unterweisung motiviert werden.

2.2.3 psychomotorischer Lernbereich

Der sorgfältige Umgang mit Büromaterialien sowie auch die Fingerfertigkeit sollen durch Nachmachen und Üben erlernt werden.

2.3 Motivation

Um den Auszubildenden zu motivieren, wird ihm mitgeteilt, dass er künftig in unserem Personalbüro für die eigenständige Erstellung der Personalakten z.B. bei Neueintritten, zuständig sein soll. Es soll ihm hierdurch ein eigenständiger Verantwortungsbereich übertragen werden.

3. Ablauf der Unterweisung nach dem Lehrgespräch

3.1 Vorbereitung

Der Arbeitsplatz ist aufgeräumt und alle erforderlichen Hilfs- bzw. Arbeitsmittel befinden sich übersichtlich geordnet auf dem Schreibtisch. Die Unterweisung soll nach der didaktischen Überlegung „vom Leichten zum Schweren" erfolgen.

Der Auszubildende wird freundlich begrüßt. Es erfolgt eine kurze Auflockerungsphase.

Vor dem Beginn der eigentlichen Unterweisung wird der Auszubildende im Hinblick auf das Datenschutzgesetz (Stillschweigen über personenbezogene Daten wahren) belehrt.

Dem Auszubildenden wird der Inhalt der Unterweisung erläutert.
„Am Ende der Unterweisung sollen Sie selbständig und fehlerfrei die Personalakte einer neuen Mitarbeiterin (hier: Fr. Müller) nach firmeninternen Kriterien anlegen können".

Hierdurch soll die Aufmerksamkeit und das Interesse des Auszubildenden geweckt werden.

Zugleich wird dem Auszubildenden mitgeteilt, dass er künftig, in unserem Personalbüro für die eigenständige Erstellung der Personalakten z.B. bei Neueintritten, zuständig sein soll. Es soll ihm hierdurch ein eigenständiger Verantwortungsbereich übertragen und entsprechende Praxisnähe vermittelt werden.

Es werden dem Auszubildenden alle für die Unterweisung relevanten Gegenstände und Materialien gezeigt.

Im Anschluss hieran erfolgt die didaktische Analyse. Welchen Kenntnisstand hat der Auszubildende? Kann an evtl. vorhandenen Grundkenntnissen angeknüpft werden?

3.2 Erläuterung des Arbeitsvorganges

Es wird dem Auszubildenden der praktische Arbeitsgang erklärt.
Zuerst wird der Aufbau einer Akte erläutert, die einzelnen Abschnitte erklärt und gezeigt, im Anschluss hieran werden die vorliegenden Personalunterlagen, wie beispielsweise der Bewerbungsbogen, der Lebenslauf, eingereichte Zeugnisse, Anstellungsschreiben, Anstellungsvertrag, allg. Schriftverkehr, Antrag auf vermögenswirksame Leistungen, Mitgliedsbescheinigung der Krankenkasse, etc. in die einzelnen Unterteilungen ggf. chronologisch und nach firmeninternen Kriterien, d.h. entsprechend der Unterteilung eingeheftet. Zwischendurch werden dem Auszubildenden einzelne Fragen zum Sinn und Zweck der Unterteilung und der chronologischen Ordnung gestellt. Dies soll zu einer dauerhaften Vermittlung des Wissens führen. Der Auszubildende wird während des Lehrgespräches dazu angehalten sich Notizen zu machen, auf typische Fehler wird hingewiesen, allerdings nicht so, dass der Auszubildende angeregt wird, die Fehler nachzumachen.

3.3 Ausführung durch den Auszubildenden

Im Anschluss an das Gespräch führt der Auszubildende das bereits Erklärte und Vorgeführte anhand der vorgegebenen Informationen selbständig aus. Dabei soll er sein Handeln erklären. Bei eventuell auftretenden Schwierigkeiten steht der Ausbilder dem Auszubildenden beiseite. Eine Beobachtung seitens des Ausbilders ist stetig gegeben. Anerkennung und ggf. sachliche Kritik werden geäußert.

4. Lernerfolgskontrolle

Das Ergebnis wird zusammen mit dem Auszubildenden überprüft.
Hierzu stellt der Ausbilder Fragen und lässt sich das Ergebnis vom Auszubildenden zeigen und erklären. Ein Lob und Anerkennung, wie beispielsweise: „Wie ich sehe, kann ich davon ausgehen, dass Sie alles verstanden haben!" sollte gegenüber dem Auszubildenden erfolgen. Der Ausbilder erklärt dem Auszubildenden, dass sich das Erlernte nur durch häufiges Üben festigen lässt.

5. Verabschiedung

Der Auszubildende wird nochmals für seinen bevorstehenden Aufgabenbereich sensibilisiert, indem erneut auf die Einteilung und die chronologische Reihenfolge hingewiesen wird.

Der Auszubildende wird verabschiedet. Ihm wird für seine aktive Mitarbeit gedankt.

Bei der nächsten Unterweisung werden wir uns mit den einzelnen Bestandteilen bzw. Inhalten, also den eigentlichen Personalunterlagen befassen und unser vorhandenes Wissen vertiefen.

Coverbild: pixabay.com

BEI GRIN MACHT SICH IHR WISSEN BEZAHLT

- Wir veröffentlichen Ihre Hausarbeit, Bachelor- und Masterarbeit

- Ihr eigenes eBook und Buch - weltweit in allen wichtigen Shops

- Verdienen Sie an jedem Verkauf

Jetzt bei www.GRIN.com hochladen und kostenlos publizieren